JN411199

곁에 있나요

조정희 시집

초판 발행 2013년 6월 17일

지은이 조정희
펴낸이 안창현 펴낸곳 코드미디어
북 디자인 Micky Ahn 편집디자인 김도경 교정 교열 표수재

등록 2001년 3월 7일 등록번호 제 25100-2001-5호
주소 서울시 은평구 갈현1동 419-19 1층
전화 02-6326-1402 팩스 02-388-1302 전자우편 codmedia@codmedia.com

ISBN 978-89-94178-68-4 03810

정가 10,000원

이 책은 성남시 문예진흥기금 지원금으로 출간하였습니다.

곁에
있나요

조정희 시집_

연보라빛 사랑을 꿈꾸며 설레는 가슴으로 살고 싶은 마음처럼
시 앞에서 늘 가슴 두근거린다.

연보라빛 사랑을 꿈꾸며

라일락꽃이 향기롭게 피었다. 연보라빛 사랑을 꿈꾸며 설레는 가슴으로 살고 싶은 마음처럼 시 앞에서 늘 가슴 두근거린다. 다가설수록 조심스럽고 떨리지만 시를 사랑하기에 오랜 세월 접지 못하고 머물러 있었나보다.

세상밖에 내놓기 부끄러워 방설이며 품고 있던 내 삶의 편린들을 좀 더 고뇌하지 못했던 순간들이 후회된다. 가끔 홀로 앞산에 오른다. 숲의 신선한 공기와 새들의 청아한 노랫소리와 풀잎들의 향그러움에 머릿속이 맑아져 잡념이 사라지고 마음이 깨끗해져 사색하기에 참 좋다.

뾰족이 돋아난 새순이 가슴 설레게 하더니 분홍빛 꽃잎을 활짝 펼쳐내 환희로 가득 차게 한다. 어느새 꽃진자리 무성한 초록물결 넘실대며 신선한 공기를 내뿜는 숲속 가슴이 충만해짐을 느낀다. 사계절 아름다움을 선사하고 마음을 치유해주는 숲처럼 아름다운 자연을 노래하며 초연하게 살아가고 싶다.

조정희

2013_06

contents

01

풀섶에 서면

02

소중했던 순간들

contents

03

벚꽃 아래 왈츠를

04

새벽 비

contents

05

남기고 간 것들

봄의 몸짓　부활의 숲　넝쿨장미　빗방울　그땐 몰랐다　연못에서 나는 보았네　비밀 하나　외로움
풀섶에 서면　가면을 벗어요　곁에 있나요　가로등불　가을엔　이제는 깨어나리　시간 하나
항아리 속 생명　등잔불 아래

01 풀섶에 서면

봄의 몸짓

목젖까지 차오른 가지마다
움 틔우려는 힘찬 몸짓의
아우성소리 들린다

토옥 터질 것 같은 꽃망울들
햇살 향해 수줍게 미소 지으며
봄볕 마중하고
겨울잠에 취했던 생명들
하나, 둘 깨어나
뾰족이 고개 내밀고
두 손 높이 들어 기지개 켠다
찬란한
아우성

부활의 숲

겨우내 생기 잃고 추위에 떨던
빈 나뭇가지마다 봄 물기 머금어
화사한 꽃으로 들썩이던 자리
연초록 여린 새순 뾰족히 돋아
새 생명 키워내고 있네
봄꽃처럼 화려하진 않아도
물오른 싱그런 잎사귀
봄 햇살에 반짝이며
생명의 꿈틀거림으로 출렁이네
겨우내 자취 감췄던 산새들
가벼운 날갯짓으로 노래하는
사월의 숲속에서
영혼의 부활 꿈꾸어 보네
겨우내 숨죽였다 부활하는 숲처럼
심연 속에서 부활하여
힘찬 비상을 꿈꾸네

넝쿨장미

담장을 환하게 비추는
너의 강렬한 눈빛에
난, 그만 눈 감아 버렸다

한낮의 태양빛보다
더 뜨거운 너의 시선에
온몸이 얼어붙었다

코끝을 스치는
너의 진한 향기에 취해
심장이 멈추어 버렸다

빗방울

차창을 두드리는
빗방울 소리
반가워 손 흔드는
윈도 브러시
오디오에서 흘러나오는
첼로의 아름다운 선율
환상의 세계로 이끈다
빗방울이 차창에
토~옥, 토~옥
닿을 때마다 펼쳐지는
무채색의 환상 속으로
끝없이 끝없이
질주하고 싶다
그리움에게로
달려가고 싶다

그땐 몰랐다

가진 것 모두 주어도 모자랐다
아무런 댓가 없이
무조건 주어도 아깝지 않았다

세상에 존재하는 풀 한 포기, 들꽃 한 송이
사랑하는 사람이 있기에 아름다웠다

찬란한 햇살, 감미로운 선율
향기로운 꽃향기, 달콤한 속삭임
영원하리라 믿었다

찬바람 거친 풍랑 존재하는 줄
그땐, 정말 몰랐다

연못에서 나는 보았네

연잎 사이
색색 옷 곱게 차려입은
새색시의 수줍은 미소
연못에서 나는 보았네

더러워진 세상 정화시키려
연뿌리 가쁜 숨 토해내어
순결한 꽃으로 피어냄
연못에서 나는 보았네

불쑥불쑥 솟아올라
연밥 입안 가득 물고
무르익어가길 소망하는
푸르른 열매들의 기다림
연못에서 나는 보았네

살포시 기댄
사랑의 속삭임
설레이는 마음
연못에서 나는 보았네

비밀 하나

어릴 적 여름밤
마당에 멍석 깔아 놓고 누워
밤하늘 하염없이 바라보았지
다이아몬드처럼 빛나던 고운 별들
금방이라도 후두둑 쏟아져 내릴 듯
반짝이는 수많은 별들 중
금빛 지느러미 길게 꼬리 달고
밤하늘 헤엄쳐 다니던 유성 하나
쏜살같이 내 가슴속으로 내리 꽂혔다
두근거리는 어린 가슴
사정없이 파고든 유성 하나
끝없는 우주의 신비 속에
비밀 하나 심어 놓았다
지금도,
내 가슴속 깊은 곳에
유성 하나 자라고 있다

외로움

채워도 채워도
채워지지 않는
텅~빈 가슴

수많은 인연들
함께 걸어가건만
외로움은 커다란 날개를 편다

끝없는 날들을
수없이 퍼득거려 보아도
강물을 다 마셔도
갈급한 목마름
채워지지 않는다

인생은 숙명적으로
외로움과 함께 걸어가야 하는 것
외로움은 나의 동반자

풀섶에 서면

녹음 우거진 숲 사이
거침없이 내려쏟는 햇살
향긋하고 싱그런 풀 향기
온몸 가득 호흡한다

연둣빛 풀잎마다 맺혀 있는
영롱한 이슬방울
오색찬란 빛 마주하며
솜털구름에 내 마음 실어 보낸다

코끝을 유혹하는
상큼한 풀내음에 취해
풀섶에 푸석 주저앉았다
연둣빛 싱그러움이여
무성한 초록의 생명이여

가면을 벗어요

자신의 허물 감추려 애쓰지 말아요
있는 그대로의 당신이 아름다워요

자신을 부끄러워하지 말아요
누구나 완벽하진 않잖아요

고개 들고 하늘을 맘껏 쳐다보며
햇살과 친구가 되어 보아요
햇살처럼 따스함 느껴질 거예요

위선 속에 갇혀 괴로워 하지 말아요
껍데기 하나씩 훌훌 벗어버리면
깃털처럼 가벼워
하늘을 훨훨 날 수 있을 거예요

곁에 있나요

방황하며 헤매일 때
혜성처럼 나타나
포근히 감싸 줄 사람
곁에 있나요

절망하여 실의에 빠져 있을 때
축 늘어진 어깨 감싸 주며
희망을 가지라 위로해 줄 사람
곁에 있나요

울적한 모습으로 웅크린 채
힘을 잃고 주저앉아 있을 때
밝은 미소로 다가와
따스한 마음으로 감싸 줄 사람
곁에 있나요

가로등불

골목 한 귀퉁이
침묵으로 돌돌 말고 서서
마을 이곳저곳 살피는 가로등
어둠 속에 묻어둔 사연들
모두 알고 있다네
대문 앞에 서성이는
그림자의 속마음도
전봇대를 끌어안고 울어대는
술 취한 사내의 서러움도
적막을 뒤흔드는
개구리의 처절한 흐느낌도
갈대숲에서 들려오는 스산한
바람소리에 서려있는 아픔까지도
어둠이 내리면 찾아와
밤하늘 수놓은 별들의 속이야기도
가로등은 알고 있다네

가을엔

가을엔 그윽한 들국화 향기에 취하여
하염없이 걷고 싶어라

가을엔 아무 생각 없이
드넓은 벌판 위를
날개 활짝 펴고
새처럼 날아다니고 싶어라

가을엔 곱게 물들어가는 단풍처럼
불타오르는 사랑에
푸욱 빠지고 싶어라

이제는 깨어나리

변함없는 눈길로 내 곁에서
달콤한 밀어 속삭여 줄 것 같던 시절
잠시의 헤어짐에도
아쉬워 몸부림쳤었다

세월이 흐른 지금
지나간 추억
하나, 둘 꺼내어 보지만
채워지지 않는 허전함
커다란 구멍 속으로 빨려든다

어찌하여 사랑은 영원할 수 없는 것인가
설레이던 가슴 영원할 순 없는 것인가
큰소리로 외쳤더니
꿈속에서 깨어나란다

사랑이라는 이름으로
모든 것이 이해되리라
아름답고 행복하리라 믿었던
지날 날 허상 속에서
이젠 깨어나란다

시간 하나

시간 하나 머리에 쓰고
무인도에 가고 싶다
실오라기 하나 걸치지 않은
태초에 그랬듯이
나무, 풀, 풀꽃 사이 뒹굴며
햇살과 눈 맞추며
잠들고 싶다

세상의 온갖 욕망, 탐욕, 갈등
하나의 시간 속에 담아
동아줄로 칭칭 감아
블랙홀 속으로 빨려 보내고
빈 마음으로 노래하고 싶다

항아리 속 생명

장독대 옹기종기 모여앉아
반짝이는 항아리들
온종일 햇살과 바람 마중하며
항아리 속 고추장, 된장
깊은 맛으로 숙성시키네
바람 한줄기
햇살 한 줌
날마다 마중함은
항아리 속 생명 담금질하여
깊은 장맛 피어내기 위함이네
투박한 몸뚱아리지만
곰삭은 생명들 가득한 보금자리
맛나게 발효되어
뚝배기 안에서 보글보글 끓어올라
어머니의 구수한 정 모락모락 피어오르네

등잔불 아래

두메산골
어둠 밝히는 등잔불 아래
옹기종기 모여 앉아
화롯불에 묻어놓은 고구마
달큰한 냄새 풍길 쯤
호호 불어 입안에 넣으면
그 물컹하고 달큼함
혀끝을 감돌며 사르르 녹아
온 우주를 선물했다
앉은뱅이 책상에 앉아
시집간 언니 보고파
밤새 눈물지며
연필심에 침을 묻히며
꾹꾹 눌러 써내려가던 그리움
등잔불이 졸며 지켜주었다

02 소중했던 순간들

그대는 아시나요

관심이라는 미명 아래
그대 향한 마음
뒷걸음질 치게 하지 않았는지요
지나친 관심은
때로는 구속이 되어
어디론가 도망치고 싶어진다는 것을

그대만 해바라기하는 존재라고
망설임 없이 던진 독화살
심장에 박혀 고통으로 신음하며
숨이 멈춰 버릴 것 같은 순간들
그대는 아시나요

그대의 부드러운 눈빛과
따스한 품 안에서
행복을 노래하는 새가 되어
둥지 안 어린 새끼들 돌보며
물어다 주는 먹이만 기다리는
어미새의 간절함을 아시나요

나의 동반자

기쁠 때나 슬플 때나
변함없이 동행해 주는
당신으로 하여
언제나 평안을 얻습니다

혼자라고 느낄 때
말없이 내 곁에 다가와
포근히 감싸 주는 당신은
영원한 나의 동반자입니다

다소 실수를 하더라도
침묵으로 덮어 주며
그럴 수도 있는 거라며
등을 토닥여 주며 안아 주는
당신은 나의 그림자입니다

변함없는 얼굴로
영원까지 동행해 줄 당신으로 하여
나의 인생길 외롭지 않습니다.

변함없는 사랑

가슴 떨리던 사랑은 퇴색했지만
가슴속 깊이 자리한 견고한 사랑
커다란 산처럼 움직이지 않아요

거친 파도 풍랑이 삼킬 듯 덤벼도
태양이 구름 속에서 빛을 잃을지라도
거센 눈보라가 몰아쳐 앞을 가려도
흔들리지 않는 사랑으로
숨이 멈추는 순간까지
두 손 꼬오옥 잡고
달콤하고 감미롭던 시간들
회상하며
우리 함께 걸어 가요

당신이 계시기에

당신은
나의 바람막이요
나의 햇빛이요
나의 안식처요
나의 행복입니다

당신은
땅속 깊이 뿌리 내리고
흔들림 없이 버티고 선
아름드리 느티나무처럼
불어오는 바람 막고 선
든든한 버팀목입니다

당신이 제 곁에 계시기에
저는 늘 든든합니다

당신 없는 세상에서
홀로 설 수 없는
나약한 존재인 줄 알기에
당신 넓은 등에 기댑니다

이기심

당신은
내가 아닌데
항상 나의 생각에 맞추라
생떼를 쓰곤 했지요

난,
당신 생각 속에 들어가려
노크도 하지 않은 채
문을 열어 주지 않는다
당신을 원망만 했지요

모든 것은
다~ 내 탓인 걸
다~ 당신 때문이라며
먹구름 드리운 얼굴로
당신 앞에 서서
투정만 부렸지요

당신의 아픔은 아랑곳하지 않고
나의 상처만 아파 비명 지르며
지냈던 시간들 얼마나 많으련지요

소중했던 순간들

벤치에 나란히 앉아
떨어지는 낙엽을 바라보는 것만으로도
황홀했던 시간이 있었지요

우리에겐
손을 잡는 것만으로
온몸에 전율이 흐르고
가슴 콩닥거리던 시간이 있었지요

우리에겐
서로의 가슴을 포옹하는 것만으로도
전신이 녹아내리고
정신이 혼미했던 순간들이 있었지요

그땐, 그 시간들
사무치게 그리워할 날 오리라는 것
우리는 미처 몰랐지요

그 시간 영원하리라 믿었기에

기다림

가슴 깊은 곳에
램프 하나 간직한 채
램프에 불 밝혀 줄 그대를 기다립니다
언제 오실지 알 수 없지만
문밖을 서성이며 그대를 기다립니다

나지막하게 들려오는 발자국소리
심장이 두근거리고
살갗을 스치는 미풍에도
전신이 떨려옵니다

이 밤
가슴 깊이 간직한 램프에
환한 빛 밝혀 줄
그대를 기다리며
문밖을 서성이는 것은
언젠가 그대가 오시리라
믿기 때문입니다

하늘과 호수

하늘이 해맑은 낯빛으로 웃자
호수도 은빛으로 찬란히 빛나고

하늘이 어두운 그림자 드리우자
호수도 숨죽인 채 우울한 표정 짓는다

하늘이 쓸쓸함과 허전함에 흔들리자
호수도 외로움에 파르르 몸을 떨고

하늘이 노여움 가득찬 소리로 호령하자
호수는 두려움에 시커멓게 타버린다

하늘이 슬픔의 눈물 펑펑 쏟아내자
호수는 피를 토하여 온통 핏빛이다

하늘이 평온을 찾아 온유한 표정 짓자
호수는 햇님처럼 활짝 웃으며
감미로운 사랑의 노래 부른다

당신은 하늘
나는 호수

꽃처럼 인형처럼

그대는 날 보고 꽃이 되라 하지요
언제나 어여쁘고 향기로운
시들지 않는 싱그런 꽃으로

그대는 나 보고 인형처럼 살라 하지요
말없이 무슨 말이든 들어 주고
어떤 일에도 노하지 않으며
예쁜 얼굴, 예쁜 몸매로
항상 다소곳이 웃고 있는 인형으로

하지만,
영원히 시들지 않는
향기없는 조화처럼 살 수도
인형처럼 아무런 감정없이
그저 미소만 짓고 살 순 없어요

심장이 마구 뛰고 있고
감정이 파도타기를 하거든요

울타리 가득 웃음꽃 피어나게 하소서

-결혼 축시

소중한 인연으로 한 울타리 이룬 두 사람
해바라기처럼 따스한 미소 전하며
늘 마주보며 서로 닮아가게 하소서

햇살 가득한 아름다운 정원에
사랑스럽고 행복한 웃음으로
향기로운 꽃 피워
튼실한 열매 주렁주렁 맺게 하소서

거친 풍랑을 만나더라도
서로 격려하고 위로하며
두손 꼬~옥 잡고
같은 곳을 향해 걸어가게 하소서

어둠이 찾아오더라도
서로에게 등불 되어
어둠을 밝혀 주며
감사와 평화 넘쳐흐르게 하소서

연리지처럼 하나 되어

따스한 미소 전하며
울타리 가득 감미로운 사랑의 선율
울려 퍼지게 하소서

시 한 편의 탄생

꽃 한 송이 피우기 위해 정원사는
땅을 고르고 거름을 주고
씨앗을 심고 물을 준다
햇볕도 데려오고 바람도 데려와
온갖 정성 들여야 새싹이 돋아
향기롭고 어여쁜 자태 보여준다

맛깔나는 요리 한 접시 위해
요리사는 싱싱한 재료 고르고 손질한다
요리와 어울리는 부재료와
맛을 돋우는 양념을 넣고
품격있는 접시에 먹음직스럽게 담아
토핑을 하고 소스를 뿌려
완성된 한 접시의 요리 식탁에 내어 놓는다

한 편의 시가 탄생하는 것은
한 송이 꽃을 피우는 일
한 접시의 요리를 만드는 일이다

연못을 흔드는 그대

그대 시원스레 솟구쳐 오름으로
적막하고 고요했던 연못
출렁이며 환호성 지른다
오랜 세월 연못 곁에 함께 있던
아름드리 능수버들 너울너울 춤추며
초록 물감 마구 풀어
힘찬 붓 터치로 연못을 색칠한다
여름 한낮 땡볕도 구름 속에 숨고
실바람만 흥겹다
정자에 앉아 도란도란 정담 나누는
벗들의 다정한 웃음소리
연꽃으로 피어나 연못을 가득 채우고
시원스레 뿜어져 내리는 물줄기
뜨거운 여름 식히며
잔잔한 연못을 흔드는 수채화

미안하다

거친 눈보라 불어와도
세찬 비바람 내리쳐도
넌, 변함없이 내 곁에서
보호막이 되어 주고
길동무가 되어 주었다
내가 더워하면 시원한 바람으로
내가 주워하면 더운 바람으로
마음이 울적할 땐 등을 내어 주고
감미로운 선율로 위로해 주며
어디든 말없이 동행해 주었다
너의 아낌없는 희생과 순종으로
나의 여정 편안했건만
난, 너에게 깊은 상처 남기고
모른 척 외면한 채
연고조차 발라주지 않고
필요할 때마다 부려먹기만 했다
내 몸의 작은 상처는 아파하면서
미안하다
나의 소중한 친구여
나의 진실한 친구여

가마우지의 습격

어이없는 신문기사에 맥이 빠진 아침
전라도 양식장에 가마우지 떼 몰려와
수많은 물고기 꿀꺽 삼켜버렸다네

텅~빈 양식장보다
더 텅~비어 버린 어민들 가슴
기막힌 현실 앞에 주저앉은 어민들
허탈하고 안타까운 마음
허공을 떠돈다

도적질하고 날아가 버린 가마우지
자신들의 죄 무엇인지 모르고
어디론가 날아가 먹익감 향해
날카로운 부리 물속에 내리꽂겠지

남의 재물 도적질하고 가마우지같이
죄를 모르는 파렴치한 이들
타인의 가슴 시퍼렇게 멍들이지 말고
떳떳하게 인생길 걸어갔으면

강둑을 거닐며

길은 주인이 없기에
그 길을 걷는 발길이
그 길의 주인이다

강물도 주인이 없기에
강물을 바라보는 이가
그 강물의 주인이다

잔잔히 흐르는 강물따라
강둑을 거닐면
마음은 한없이 고요해져
평화의 주인이 된다

골목길

수많은 이야기들로 가득찬 골목길
담과 벽엔 골목의 소문들
수없이 그려져 있고
오랜 세월 빗물이 그려놓은
빛바랜 추억 고스란히 새겨져 있다

연인들 아쉬운 이별의 장면
추억으로 남아 꽃을 피우고
골목이 품고 있는 수많은 사연
별이 되어 반짝인다

골목길엔 여유로움이 숨 쉬고
느린 걸음으로 이웃집 풍경 기웃거리며
인정과 편안함 깃들어 있는 곳
오래도록 머물고 싶다

진한 흙내음 향그러운 골목길엔
도란도란 이야기꽃 올망졸망 피어
둥실둥실 담벼락 물들인다

중환자실

봄꽃으로 만발한 오월
갑작스런 간암 말기 판정으로
어두운 그림자 드리운 채
창밖 무심한 하늘만
물끄러미 바라보는
50대 후반의 공허한 눈빛
하루도 거르지 않는 음주로
가족과 두터운 벽 쌓아
소외된 시간조차 아쉬운 삶
주검의 침상에 누워 허탈한
헛웃음 입가에 흩어진다
옆 병실에선
흰옷 입은 무표정한 사내 둘
다급하게 달려와
하얀 천 씌운 주검
망자 전용 엘리베이터로 옮긴다
잠시 동안의 술렁임 뒤
침묵이 병실을 덮는다
유리창 밖 오월 하늘은
무심하게도 높고 푸르다

가슴 깊은 곳에
램프 하나 간직한 채

램프에 불 밝혀 줄 그대를 기다립니다

〈기다림〉 중에서

자화상　나의 분신　참회　부질없는 꿈　새벽 종소리　벚꽃 아래 왈츠를　정상에 오른다는 것
치악산 계곡의 하루　시월의 숲　불타오르는 저 산을 봐　낙엽 앞에　산이 화났다　낙엽을 밟으며
삼각산의 비경　가을빛에 물든다는 것　까치 가족　호박

03 벚꽃 아래 왈츠를

자화상

사과 꽃처럼 단아하고 엷은 향기 간직한
그런 여인이고 싶습니다

빠알갛게 익은 사과 볼처럼 탱탱하고 빛나는
그런 여인이고 싶습니다

한 입 깨물면 아삭하고 달콤한 과즙 간직한
그런 여인이고 싶습니다

생각만 해도 상큼함 입가에 번져 그리워지는
그런 여인이고 싶습니다

바라만 보아도 행복한 웃음 안겨 줄 수 있는
그런 여인이고 싶습니다

나의 분신

너는 내 삶의 모든 것
내 안에서 꿈틀대는 태동으로
너의 존재를 알리던 순간부터
너는 나의 전부였어
달력을 열 장 넘기는 동안
너와 나는 하나 되어
잔잔한 피아노 선율에 맞춰 춤을 추기도
갑작스런 천둥소리에 놀라 떨기도
들국화 만발한 꽃길을 거닐며 속삭이기도
너의 느닷없는 발길질에 깜짝 놀라기도
생명의 신비로움에 가슴 벅차기도 했지
너의 탄생으로 위대한 어미새가 되었고
너의 웃음으로 가장 행복한 어미새가 되었지
넌, 내 삶의 의미
넌, 내 삶의 모든 것

참회

내 허물 태산 같으면서
늘 당신만 탓했네요
오랜 세월 당신 그늘에서
호의호식 베짱이처럼 지내면서
채워지지 않는 손톱만한 상처
못 견뎌 하며 투정만 부렸네요
내 가진 것 모두 당신 선물인 걸
당연하게 여기며 죄만 짓고 살았네요
당신위해 뭔가 해주려 애쓰기보다
받으려만 했던 이기심 앞에 부끄러
당신 앞에 머리 조아려 참회 합니다
빈손으로 시작해 소담스런 정원
가끔은 당신 德인 걸
품위 지키며 살아온 것도 당신 德인 걸
알면서도 모른 채 작은 허물만 탓하며
감사할 줄 모르고 살아온 시간 미안해요
풋풋하고 상큼했던 얼굴 상했다며
마음 아파하는 당신의 한없이 깊은 사랑
앞으로 남은 여정 당신 위해 살렵니다
마음속 깊이 어리석었던 시간들 참회하며

부질없는 꿈

황홀하고 달콤했던 순간 꿈처럼 사라지고
물거품 되어 버린 약속들 거품 꽃 되었다
부질없는 헛된 꿈에 들떠 있던 시간
허무가 파도처럼 밀려와 바다가 된다

일장춘몽에 지나지 않은 허허로운 시간 속에
온 맘 기울였던 어리석음 딧하지 않는다
심연 속에서 그윽하게 울려 퍼졌던
소중했던 순간들이었기에
부질없는 것에 마음 담글질함
슬퍼하지 않는다

부질없는 꿈속 헤매다
천둥번개에 놀라 깨어난 듯
정신 가다듬으며 마음 다독인다
헛된 꿈과 욕망 거품처럼 사라진 후
거품꽃을 가슴에 꽂고 춤을 춘
바보에게 가엶은 미소를 보낸다

새벽 종소리

어둠이 조금씩 물러서는 이른 새벽
흐릿한 여명 찾아오는 시간
하늘엔 하얀 달이 졸고 있고
가로등은 하품을 한다
밤이 새도록 어둠을 밝히던
달과 가로등 지쳐 있을 즈음
새벽을 두드리는 종을 친다
잠들었던 모든 생명
이제 그만 일어나라
눈을 뜨고 커튼을 올려
아침을 맞으라 재촉한다
이젠 도심 속에서 사라져
새벽 종소리 들을 수 없지만
은은하게 울려 퍼지던 종소리
아직도 귓전을 맴돈다
땡땡땡~~~~
새벽 종소리 울리면
하루의 소망 담아
간절히 기도하던 어머니
새벽 종소리처럼 각인되어 울린다

벚꽃 아래 왈츠를

소담스런 꽃송이 하얗게 펼쳐 놓은
벚꽃나무 아래 서면 마음이 순해진다
순수하고 순결한 처녀처럼 가슴 두근거린다
가벼운 꽃잎 살랑살랑 나부끼며
머리 위에 살포시 앉아
신부의 화관 씌워 가슴 설레게 한다
새하얀 느레스 곱세 펼쳐 놓고
싱그런 미소로 하객들 손 잡고
요정처럼 가볍게 왈츠를 춘다
하객들도 모두 요정 되어
바람처럼 가벼운 몸짓으로
해맑게 웃으며 왈츠를 춘다
세상 근심 걱정
실바람에 실어 보내고
부푼 가슴으로 왈츠를 춘다
벚꽃처럼 가벼워진 몸과 마음
보송보송 상큼한 하이얀 꽃송이
가슴 가득 품고 꿈속에서 왈츠를 춘다
축복처럼 쏟아져 내리는 꽃비 맞으며

정상에 오른다는 것

켜켜이 쌓인 낙엽 자박자박 밟자
바스락 바스락 부서져 내려
고요한 정적을 깨운다
평탄한 산길에서 평화롭고 가벼웠던 발걸음
갑자기 나타난 오르막 앞에서 버거워
한 발 한 발 옮길 때마다 숨이 차올라 헉헉이며
쇠덩이 같이 무거워진 발걸음
이쯤에서 하산할까
둘레길로 편히 갈까
참고 올라가 볼까
수많은 갈등 속에 평화는 사라지고
높고 험난한 아득한 정상 바라보며
가쁜 숨만 연신 뿜어낸다
정상은
고통과 끈기 없인
쉽게 내어 주지 않는 곳
정상 정복의 희열 맛보려면
수많은 준비 필요하다
준비 없이 무작정 도전하는 자에겐
그만큼의 고통이 따르는 것

치악산 계곡의 하루

청량한 계곡물 소리
산새들 청아한 노랫소리
매미들의 힘찬 울음소리
구름 한 점 없는 파아란 하늘빛
팔월의 치악산 계곡 출렁인다
산을 닮고 싶어 향한 가벼운 발걸음
'산~이 부른다'를 합창하며
들뜬 마음들 푸르게 물든다
계곡 길따라 오르다 만난 폭포
시원스런 물줄기에 찌든 맘 씻어 내고
계곡물에 뛰어든 중년의 개구쟁이들
나이는 숫자에 불과하다는 말
명언처럼 치악산 계곡에 펼쳐 놓고
맘껏 초록 물감 풀어 놓았다
풀향기 담은 실바람에 웃음꽃 날리며
말간 여름 햇살에 마음 뽀송뽀송 말린다
세상 속에서의 아픔과 번민
계곡물에 말끔히 씻어 버리고
치유된 정신과 몸
내일 향해 걸어간다

시월의 숲

쓸쓸함과 고요함만 감돌던
시월의 숲
아기 다람쥐 한 마리
말간 눈망울 굴리며
이리저리 폴짝이며 재롱부리고
상수리나무에 앉아 사랑을 속삭이는
작은 방울새 두 마리 나뭇가지 오가며
행복한 날갯짓한다
살랑살랑 불어오는 갈바람에
나뭇잎들 몸을 가볍게 흔들며
붉게붉게 물들어 간다
눈시리도록 푸르른 하늘
무심히 떠가는 뭉게구름
나뭇가지에 걸어 놓고
시월의 말간 햇살 내려와
익어가는 가을편지 펼쳐 놓았다
시월의 숲은 사랑으로 물들고 있다

불타오르는 저 산을 봐

벌겋게 불타오르는 나뭇잎들
파르르 비명을 지른다
가을산엔 나뭇잎들만
불타오르는 것이 아니다
알록달록 곱게 차려입은 등산객들
단풍보다 더 붉게 타올라
온 산 벌겋세 익어가고 있다
열정으로 끓어오르는 마음들
나무마다 색색으로 물들여
절정의 신음소리 가득하다
가을산은 사랑의 열병으로
너무 뜨거워
너무 뜨거워
더 이상
견딜 수 없어
훌훌 속옷까지 벗어 던지고 있다
부끄러움도 모르고

낙엽 앞에

최고 절정의 순간
찬사의 소리 끝나기도 전
미련 없이 옷을 벗어던져
지나는 사람들 발아래 엎드려
바스락~, 바스락~
제 몸 부서져 내리는 통증
고스란히 견디는 저 낙엽 좀 봐
정상에 오른 뒤
욕심없이 훌훌 벗어던지고
내려가야 함 알고 있잖아
이생에서의 부귀영화 내려놓기 싫어
부질없는 욕망 부여잡고
자꾸만 추해지는 너와 나
언제쯤 내려놓고 가벼워질 수 있을까
낙엽 앞에 부끄러 얼굴 붉히는 늦가을

산이 화났다

폭우로 무너져 내린 산의 토사
멋진 펜션과 전원 마을 덮쳐
고귀한 생명 앗아갔네

푸른 생명들 가득했던 숲속
나무들 통곡소리 외면한 채
포크레인으로 숲의 속살 파헤치고
우후죽순 멋진 집을 짓고
호수와 산책로 만들어
즐기려 했던 탐욕
하루아침에 산산조각났네

숲의 깊은 상처와 주검으로
붉은 피 토할 때
냉정하게 외면했던 사람들
수마가 처참히 할퀴고 간 뒤
고통으로 울부짖고 있네

산이 고함친다
제발, 우리 좀 가만 두라고

낙엽을 밟으며

낙엽 쌓인 거리를
자박자박 걸어봅니다
낙엽 부서져 내리는 소리
가슴에 주워 담으며

세상 모든 것들은
마지막이 가장 아름답다 하지요
불꽃은 사그라들기 전 가장 뜨겁고
태양은 노을을 길게 늘어 뜨렸을 때
가장 아름답고
단풍은 떨어지기 전 제일 화려한 빛으로
눈길 사로잡다 생을 마치지요

나의 발걸음 멈추는 날
어떤 아름다움 남길 수 있으련지
내 생애 가장 아름다움은 무엇인지
아름답다 말할 수 있는 발걸음이었는지
되돌아보니 참으로 민망해
낙엽을 차마 짓밟을 수 없네요

새순으로 생명의 설레임 안기고
푸르름 가득 희망의 노래 들려주다
붉게 물들어 열정 불태워 떨어져
제 몸까지 짓밟혀 낭만을 선물하는
낙엽처럼 부서져 내리고 싶네요

삼각산의 비경

눈 시리게 맑은 하늘빛
마음 가득 뭉게 구름 안고
삼각산 향해 휘파람 불었다
살결에 와 닿는 신선한 바람
눈부신 말간 햇살 아래
경이롭고 거대한 노적봉 버티고 서 있다
남녀가 손을 꼬옥 잡아야
지날 수 있다는 웨딩바위
사모관대 쓴 의젓한 신랑 모습의 사모 바위
귀여운 모습으로 마음 사로잡는 강아지 바위
용출능선 아담하게 자리잡은 비밀의 정원
저마다의 매력 펼쳐 놓은 절경 앞에
황홀한 가슴 주체할 길 없어
그저 넋 놓고 바라만 본다
바라보는 것만으로도 가슴 벅찬 비경
굳이 정복하려 욕심 부리지 않으리
정복하려다 정복당하느니
그저, 바라볼 수 있음에 족하리
삼각산의 비경 앞에 몽롱했던 하루
산을 찾는 이들의 마음 알 것 같다

가을빛에 물든다는 것

가을 햇살, 가을 바람에
들녘 곡식만 누렇게 물드는 것이 아니다
흰 구름 따라 흘러가는 여심도
결실을 기다리며
빨갛게 물들어 간다
따사로운 가을 햇살
살랑거리는 가을 바람에
나뭇잎만 곱게 물드는 것이 아니다
사랑에 목말라 있던 외로운 가슴에도
새빨갛게 단풍 든다
세월이 흐르고 흘러도
가슴속에 남아 있는 것은
가슴을 온통 물들였던 기억들
지워지지 않고
그리움으로 남아
가슴을 촉촉이 적시며
아직도 물들고 있기 때문이다

까치 가족

어느 날 날아와 백화점 간판에
둥지 튼 까치 가족
날마다 힘찬 날갯짓으로
새 생명 키우며
평화의 노래 불렀지

어느 날 갑자기
백화점 간판이 내려지고
수천 미터 땅바닥으로 떨어져
산산조각 나버린 까치집
둥지를 순간에 잃은 채
망연자실 넋 잃고 울부짖는
까치 가족의 절규 소리
공허한 메아리 되었지

미련을 버리지 못한 까닭인지
아침마다 찾아와
힘없는 날갯짓으로 배회하는
구슬픈 울음소리 애절하다

호박

베란다에 놓아둔 탱탱했던 누런 호박
무심코 지나는 시간 속에
푹 꺼져 사그라져 진물이 고여 있다
순간, 가슴이 털석 내려 앉는다
여리고 가냘픈 어깨 위에
평생 종부의 무거운 짐 올려 놓고
허리 펼 새 없던 늙으신 어머니
이젠 물기 다 빠진 육신 병상에 누워
하늘의 처분만 기다린다
푸욱 꺼져 버린 호박처럼
진물만 고인 채
허울뿐인 자식들 걱정
놓지 못하는 가엾은 어머니
자신을 위한 시간
평생 가져보지 못한 채
푸욱 꺼져 버린 호박되어
하늘의 처분만 기다리시는 어머니 앞에서
안타까운 눈물이 뜨겁게 흐른다

어둠이 조금씩 물러서는 이른 새벽
흐릿한 여명 찾아오는 시간
잠들었던 모든 생명
이제 그만 일어나라

눈을 뜨고 커튼을 올려
아침을 맞으라고 재촉한다

〈새벽 종소리〉 중에서

부서짐의 미학　슬픔의 조각들　고뇌　하늘공원　학력의 벽장 속　새벽 비　자선음악회　저녁 노을
넌, 내게로 왔다　엄마라는 이름　우리는 모두 별이다　온새미 길　행복한 악타족　꿈속에서
작은 상처 하나　미라 母子의 발굴　서해안은 喪 중이다

04 새벽 비

부서짐의 미학

젊은 농부가 거친 흙덩이 위에 물을 붓자
물은 흙속으로 스미지 않고
금세 흘러 내려갔다
지켜보던 늙은 농부
쇠스랑으로 흙덩이를 깨고 부수어
다진 후 흙 위에 물을 붓자
물은 흙속으로 스며든다

씨를 뿌려 싹이 돋고
꽃을 피우고
열매 맺기 위해선
흙덩이를 깨고 부숴야 한다

우리의 아집과 고집도
쇠스랑으로 내리쳐 잘게 부서져야
인생의 향기로운 꽃을 피우고
튼실한 열매를 맺을 수 있음이다

슬픔의 조각들

슬픔의 조각들이 모아져
온몸을 짓누른다
우울함의 형상들 어두운 옷 입고
검은 그림자 드리운다

몸에 쩌어억 달라붙은
슬픔의 조각들 하나씩 떼어버리려
뜨거운 물로 샤워를 한다

온몸 감싸고 있는
우울함의 형상 벗어 버리려
힘차게 피아노 건반을 두드린다

슬픔의 조각들 검은 그림자
애잔한 미소를 보내며
슬며시 자취를 감춘다

고뇌

서 있는 자리 너무 버거워
도망가고 싶을 땐 바람이 되어
어디론가 날아가고 싶습니다

다리에 힘이 빠져 주저앉고 싶을 땐
하늘에 무심히 떠 있는 구름처럼
두둥실 떠다니고 싶습니다

머릿속이 혼란스러울 땐
모든 것 다 내려 놓고
유유히 흐르는 물이 되어
정처없이 그저 흐르고 싶습니다

눈앞에 펼쳐진 세상이 두려울 땐
두 눈 꼬오옥 감고
깊은 잠속으로 들어가
깨어나고 싶지 않습니다

하늘공원

난지도 매립장 쓰레기 산
썩은 악취 가득했던 곳
이젠 머~언 전설 속으로 사라지고
하늘공원으로 새로 태어나
천국의 기쁨 전하고 있다
천국으로 오르는
나무 사다리 한 발 한 발 딛고
꼭대기에 이르자
곱게 핀 코스모스 천사의 미소로
몸 흔들며 반겨주는 곳
갈대들 출렁임 실바람 춤추고
여인들 사랑의 밀어 속삭이는 곳
언덕 아래 유유히 흐르는 한강
눈부신 은빛 찬란함 가득한 곳
얼굴마다 천국의 기쁨 충만해
향기로운 꽃 한 송이씩 피어나는 곳
지옥에서 천국으로 거듭난 하늘공원
세상의 모든 악취 품어 주며
아름답고 평화로운 천국 펼쳐 놓았다

학력의 벽장 속

신문과 방송에서
'허위학력'으로 떠들썩하다
대한민국 국민이라면 다 알고 있는
이 시대 유명세를 타고 있는
영어강사, 대학교수, 연극인…
꼬리에 꼬리를 물고
신문 한복판 벌거벗겨진 채 누워 있다
이들은 학력의 벽장 속에 갇혀
얼마나 불안한 시간들 보냈을까
능력보다 간판을 중요시하는 사회에서
그들은 허위 포장을 해야만 했으리
간판이 인격이 되고
출세하는 '증'이 되는 사회
아무런 능력 없이 간판 하나 믿고
콧대 세우며 빈둥거리는 이 시대의 백수들
신문을 보며 무슨 생각하려나

새벽 비

이른 새벽
가만가만 속삭이는 빗소리
잠속에 묻혀 있던 의식
흔들어 깨우네

새벽에 들려주는 신의 감미로운 선율
간간히 실수하는 자 소리에 섞여
불협화음이 되기도
기도소리의 음률 되어
잔잔히 가슴속으로 스미네

유리창을 타고 흐르는 빗줄기
덕지덕지 달라붙어 있던
찌든 먼지 닦아 내리며
마음 구석구석 쌓인 노폐물
씻어 내려 정신을 맑히어
상쾌한 아침의 노래 부르네

자선음악회

지구촌 영양 결핍 아동위한 자선음악회
세종문화회관 음악 홀 가득찬 객석
열광적인 오케스트라 완벽한 화음
인간에게 내려주신 신의 가장 큰 선물
감미로운 주옥같은 선율
심금을 울려 감동의 도가니 속이다

'오, 나의 태양'
'남 몰래 흐르는 눈물'
'여자의 마음'
가슴 깊은 곳까지 스며든다
살아 있음은
슬픔이 있을지라도
아픔이 있을지라도
행복함을 깨닫게 해주는 시간

피아도 건반 위에서
요정처럼 춤추는
피아니스트의 하이얀 손
천상의 선율로 지구촌 하나로 뭉쳐
굶주린 어린 천사들 보듬어 준다

저녁 노을

하루의 수고 어깨 위에 걸치고
얼굴엔 반가움의 홍조 깊게 드리우고
하늘 한자락 붉은 붓끝으로
주~욱 그어 놓았다

하루의 아쉬운 자락
형형색색으로 물들어
서산에 걸려 있다

어느 화가가
고난도의 작품
하늘에 전시해 놓았는가
감동의 물결 용솟음친다

저녁 노을에
붉게 타오르는 가슴
가눌길 없어 먼 산만 바라본다
아직 식지 않은 열정
가슴속에 품고 살았나 보다

넌, 내게로 왔다

금빛 보자기에 싸여
넌, 내게로 왔다
보자기 안 하이얀 속사포 벗기자
귀티 흐르는 맨 몸 입 곱게 다문 채
열쌍둥이 나란히 잠들어 있다
어느 어부의 손에 잡혀
소금 세례 받고 절여져
지푸라기에 엮여
백화점 굴비 코너 빛내다
간택되어 내게로 온 너
어부의 손에 이끌려
물 밖으로 나온 순간
아무런 저항도 못하고
고스란히 제 몸 내어 준 것은
몸부림쳐 봤자 제 몸만 생채기 남
이미 알았기 때문이다
죽음을 겸허하게 받아들여
품위를 지킨 것이다

엄마라는 이름

그녀는
자폐아 딸을 위해
모든 것을 정리해
미련 없이 조국을 떠났다
딸의 행복을 위해선
무슨 일이든 두렵지 않은 그녀
사막에서도 엄마라는 이름으로
살아남으리라 믿었기에
떠나는 뒷모습에 갈채를 보냈다
외국인 회사에서 능력을 인정받아
부러움의 대상였던 그녀
이국땅에서 접시 닦는 일을 하고
대기업에서 고속 승진 하던 남편
세탁소에서 다림질을 하지만
딸아이의 행복한 표정 바라보며
위안 삼아 살고 있다며
그녀는 오늘도
엄마라는 이름으로
꿋꿋하게 접시를 닦고 있다

우리는 모두 별이다

어느 날 우리는 순서대로
별똥별이 되어
지구상에 빈 몸으로 떨어졌다

성공했기에 행복한 것인지
행복하기에 성공한 것인지
황금을 많이 소유했다고
행복한 삶인지
빈털터리 인생이라고
불행한 삶인지
도대체 알 수 없다

단, 한 가지 분명한 것은
누구나 빈 몸으로 왔다가
하늘의 부름 따라 빈 몸으로
별이 되기 위해 돌아간다
저 밤하늘 위에서 반짝이는
수없이 많은 별 중엔
왕도 없고 거지도 없다
그저, 어둠을 말없이 빛낼 뿐

온새미* 길

성남아트센터
빙 둘러싼 온새미 길
가로등에 기댄 스피커에서
엘가의 '사랑의 인사' 은은히 흘러나와
고요한 적막을 깨운다
숲속에 울려퍼지는
잔잔한 선율에 흥겨운 발걸음
콧노래 흥얼거린다
곱게 핀 구절초의 진한 향기
나뭇잎의 부드러운 속삭임
깃털처럼 가벼워진 가슴
파아란 하늘처럼 맑아져
평화롭기 그지없는 시간
고요한 수도자가 되었다
홀로 누릴 수 있는 평안함
몰래 감추어 놓고
마음 비우고 싶은 날
비밀의 뜨락 거닐고픈
온새미 길

---
* 온새미 : 가르거나 쪼개지 않고 생긴 그대로의 상태

행복한 악타족

아무것도 소유하지 않았지만
마냥 행복한 필리핀 악타족
작삭 하나씩 들고 늠름한 전투사처럼
바닷속으로 망설임 없이 뛰어든다
산소통도 없이 마치 물고기처럼
유영하며 산호초 속 숨어있는 물고기
작살 쏘아 한 마리 잡고는
세상을 다 얻은 양 하얗게 웃으며
행복해 하는 구릿빛 사내들
몇 마리 물고기 들고 개선장군처럼
의기양양 보금자리 돌아와
나무 그늘에 모여앉아 모닥불에 구워
다정히 나누며 행복에 겨워 떠들썩하다
하늘에 닿을 듯 높은 야자수 나무
원숭이처럼 기어올라
나눌 만큼만 열매 얻어
오순도순 순서대로 나누어 마시며
만족해 하는 악타족의 행복한 삶

꿈속에서

물이 다 빠져 바닥을 드러낸 물가에서
가방을 찾아 헤맸다
갑자기 불어난 물 강물되어
빠져 나오려 발버둥쳤지만
쇠덩이처럼 무거워진 몸
수영도 할 수 없었다
간신히 버드나무 줄기 부여잡고
물속에서 빠져 나오려 애썼지만
더 깊은 강물 속으로 빨려 들어갔다
더 이상 버틸 기력조차 없어
삶의 끈인 버드나무 줄기 놓아 버렸다
깊고 맑은 강물 속으로
몸이 쑤욱 빠져드는 순간
너무도 고요하고 편안했다
살아남으려 발버둥칠 때의 고통스러움
사라지고 평온만이 감돌았다
삶의 끈을 놓아 버리면
이처럼 편안한 것을
왜 그리 살아남으려 몸부림쳤는지

작은 상처 하나

손가락 끝 작은 상처 하나
온종일 신경을 곤두세운다
옷깃에 살짝 스치기만 해도
전신을 휘감는 아픔으로
비명을 지른다
가만히 누워 있어도
뼛속까지 욱신거리는 통증
눈물샘을 자극한다

작은 상처에도
견디지 못하는 나
타인의 커다란 상처
외면하고 살아온 지난 시간
그 얼마나 많으련지

미라 母子의 발굴

400년 전
어머니의 자궁 속 탈출하려
용을 쓰던 태아
끝내 나오지 못하고 자궁 속에 갇혀
400년 동안 깊은 잠에 빠졌다

자식을 세상 밖으로 내보내려
죽을 힘을 다 쏟다
자궁 파열의 과도한 출혈로
생을 마친 어미의 육신
흙이 되지 못 하고
몸속에 분신 품은 채
슬픈 미라 되어
긴 세월 지난 후
세상에 존재를 알렸다

세상 밖에 내보내지 못 해
눈뜨지 못 한 생명 가여워
미라 되어 태어났다

서해안은 喪 중이다

태안 앞바다 원유 유출사고로
서해안은 상喪 중이다
까만 기름덩어리에 싸여
화석처럼 굳어버린
어린 새의 주검
숨을 헐덕이다 생을 마친
물고기와 어패류의 떼죽음
전사자의 얼굴 알 수 없는 주검들 앞에
바닷물도 모래도 통곡한다
줄초상이다
바다를 생계 삼던 어민들
망연자실 생을 포기하고
검은 타르덩어리 되어 불속으로 뛰어든다
검은 핏덩어리들
모래. 자갈. 바위까지 삼켜 숨통 조인다
상처로 검게 얼룩진 서해안
수많은 문상객들 바쁜 손길 있기에
희망의 끈 놓지 않는다

05 남기고 간 것들

어둠은 쉼터다

어둠이 산모퉁이에
채곡채곡 내려앉자
온종일 퍼득이던 산새들
고요히 날개를 접고
쉼 없이 날갯짓하며
꿀을 나르던 일벌도
고단한 하루를 내려 놓고
안식을 얻는 시간
어둠은 쉼터다

어둠 앞에선
모든 것이
고요해지고
順해진다
아름다운 것들도
추한 것들도
참 평안을 내려주는
어둠은 공평하다

인생은 수레바퀴

인생은 세월의 크기만큼
깎이고 녹슬어
삐그덕 삐그덕 힘겨운 소리로
흔들리며 굴러가는 수레바퀴

앞에서 끌고 뒤에서 밀며
구슬땀 흘리며
언덕배기 넘어서면
시원한 바람 기다리고 있지

움푹 패인 수레바퀴 자국
흔적으로 남아
고달팠던 순간들까지
추억으로 전해주며
한순간도 쉼 없이
세월을 굴리며
인생을 엮어가는 수레바퀴

여유로움이 좋다

순간온수기에 샤워하는 것보다
뜨거운 욕조에 몸을 담근 채
두 눈을 지그시 감고
깊은 상념의 나래를 펴고 싶다

거침없이 쏟아지는 소나기보다
옷깃을 촉촉이 적시며
가슴속으로 살며시 스미는
이슬비가 되고 싶다

화려한 향기를 지닌 꽃보다
작지만 은은한 향기 지닌
들꽃이 되어 들길을 거닐고 싶다

잘 다음어진 신작로보다
울퉁불퉁 구불구불한
들길과 산길 찾아
산들 바람과 동행하고 싶다

산다는 것

어느 날
미움 한소끔 뱉어 냈더니
한없는 허기가 되어 돌아왔다
가슴속에 쌓인 분노
세상 밖에 퍼부었더니
또 다른 화 가슴 한구석에
똬리를 틀고 앉아 있다
산다는 것은
모든 걸 가슴속에 묻어 놓고
곰삭이며 견뎌내는 것
슬픔은 슬픔대로
아픔은 아픔대로
외로움은 외로움대로
다 나의 일부인 것을
다 벗어 버리려 몸부림칠수록
더욱 버거워지는 것

휴식이 필요해

우린, 가장 소중한 사람 앞에서
거침없이 짜증내어 상처주고 후회한다
때론, 소중한 사람의 염려까지
짜증으로 화답하였다

편하다는 이유로 못난 모습 보인 후
괴로워하는 어처구니없는 일상
가만히 들여다 보면
내가 지쳐 있다는 외침이다

짜증날 땐 휴식이 필요하다는 신호
산책을 하며 머릿속을 가다듬고
명상을 통해 마음을 다독이며
마음을 치유하는 시간을 갖자

내가 평안을 얻어야
너에게 미소를 건낼 수 있지
알 수 없는 짜증이 앞을 가로막거든
모든 것 다 내려 놓고 쉼터로 가자

미로 같은 마음

마음 나누며 지낸 오랜 시간들
한순간에 부서져 내릴 수 있음에
허무가 산처럼 밀려오네
마주하면 해바라기처럼 웃으며
무엇이든 나누려던 마음 어딜 가고
서로 상처주며 괴로워하는가
미로처럼 알 수 없는 사람의 마음
불편한 속내 가슴 깊이 감추고
억지 미소의 슬픈 얼굴들
정답게 마음 나누며
다정했던 시간 어디로 갔을까
믿음이 산산조각 난 날
마음은 미로 속을 헤매고
상처는 깊어만 가네
사람의 마음속 들여다 볼 순 없지만
마음속까지 다 안다 믿고 지낸 세월
깃털이 되어 바람에 날아가 버렸네

신발 한 짝

이른 새벽 성남대로 중앙선 위
덩그러니 떨어져 있는
신발 한 짝
밤새
신발의 주인은 무사할까
고통 가운데 신음하다
끝내 새벽을 맞이하지 못했을지
모른다는 생각이 엄숙해 온다

살아 있기에
사랑하는 사람 바라볼 수 있음
체온을 느끼며 곁에 앉아 있음
서로 눈빛을 마주할 수 있음
사랑의 언어 주고받을 수 있음
세상의 아름다움 공유할 수 있음
감사하다는 생각 머릿속을 파고든다

오늘이라는 이 시간
그 누군가에게는 그처럼 살고 싶어
몸부림치다 맞이하지 못하고 가버린 시간이듯

소중하고 고귀한 시간인 것을
감사할 줄 모르고 원망했던 순간들
부끄러워 홀로 얼굴 붉히는 아침

울산바위

잿빛 옷 두르고 위엄있게 앉아
근심 가득찬 얼굴로
참회하는 백성 내려다보며
고뇌에 빠진 거인의 모습
그 웅장하고 거대함
한 발만 디뎌도
발아래 수많은 중생들 뭉개지고
한 손만 휘저어도
수많은 미물들 쓰러져 부서질 것 같아
어찌할 바 몰라
꿇어 엎드린 미물들
그저 바라보며
번민하는 슬픈 표정

시간이 흐른다는 것

모든 것이 잊혀져 가는 것이다
모든 것이 지나가 버리는 것이다
모든 것이 지워지는 것이다
모든 것이 퇴색해져 가는 것이다

고통스러웠던 이별의 아픔도
막막하고 아득했던 슬픔도
기쁨으로 충만했던 순간도
황홀했던 기억들도
아쉬웠던 순간들도
행복했던 시간도
시간의 흐름 속에 묻혀 버린다

그리움과 추억만 빈 허공에 남아
그림처럼 걸려 있다

아버지와 지게

늦은 밤 만취하신 아버지
한 섞인 한오백년 타령에
잠깨어 뒤척이다 늦잠에 빠진 사이
새들은 울타리 나뭇가지에서 노래하고
문창 사이 삐집고 들어온 아침햇살 눈부셔
눈 비비며 툇마루에 나와 앉아 하품할 쯤
마당 한켠엔 작대기에 기댄 지게 하나 서 있었다
아침 이슬에 촉촉이 젖은 싱싱한 소먹이 풀 위
아침햇살 머금어 탐스럽게 반짝이는
산딸기랑 산머루가 소녀를 맞아주었다
아버지의 아픔은 알려고도 알고 싶지도 않았던
철없던 어린 시절 산딸기와 산머루만 반가웠다
불혹의 나이를 넘긴 그 소녀
지게를 보면 괜시리 입안에 침이 고인다
벙어리처럼 입을 꾸우욱 닫고 살다
만취가 되어야 입을 열어 부르짖던
한 맺힌 한오백년 타령소리 들려온다

그리운 아버지 1

난데없이 목이 메고 가슴 미어져
두 눈 가득 눈물 고여 앞을 가림은
당신 얼굴 뵐 수 없기 때문입니다

흐드러지게 피어 있는 봄꽃 앞에서
설레임 자취 감추고
꽃향기 느낄 수 없음은
당신 체취 느낄 수 없기 때문입니다

화려한 봄꽃 꽃비 되어 서둘러 낙화함은
어여쁨 뽐내며 오래도록 머물기 민망해
당신 무덤 꽃잎으로 덮어 주려는 겁니다

꽃 진자리 푸르름으로 서둘러 채우는 것은
푸르름 사랑하다 떠나가신 당신의 영혼
초대하고 싶기 때문입니다

세상 가운데 펼쳐진 아름다움 앞에서
환하게 웃음 질 수 없음은
사랑스런 눈빛 보내던 당신이

제 곁에 계시지 않기 때문입니다

상쾌하고 싱그런 공기
가슴 가득 담을 수 없음은
당신과 같이 호흡하며 느낄 수 없기에
아쉬워 서럽기 때문입니다

그리운 아버지 2

당신 빈자리
아련한 그리움 씻기우라
메마른 입술 적시우라
봄비 되어 촉촉이 내립니다

새 생명 하나, 둘 흔들어 깨어
눈물로 가득찬 눈망울
봄꽃의 환한 웃음으로 달래 주시네요

그리움에 멍든 가슴
봄꽃의 향기로 치유해 주며
부드럽게 감싸 주시네요

육신 무덤 속에 고이 잠드셨지만
당신의 영혼 제 곁에 머무시며
사랑의 눈길과 따스한 가슴으로
지켜보고 계심 느낍니다

당신의 빈자리로
방황하고 아파할까봐

영혼으로 찾아와 동행하며
허전한 마음 달래주시는
그리운 나의 아버지
꿈속에라도 뵙고 싶어요

어머니

팔십삼 세의 가느다란 육신 병상에 누워
잡혀온 물고기처럼 숨을 헐떡인다
어서 빨리 물속으로 보내드려야 할 것 같은
안타까운 눈빛들 조심스레 숨을 내뱉는다
두 눈 꼬옥 감은 채 가느다란 턱의 떨림으로
호흡하고 있음 알릴 뿐이다

어미의 물기 빨아먹고 살찐
뻔뻔한 육신들 병상에 둘러서서
마른 삭정이 감당하지 못해
쩔쩔매며 안타까움만 토해낸다

어찌 육신 편히 거둬가지 않고
고통 속에 머물게 하느냐
원망하던 어머니의 입술도
이젠 움직일 기력조차 없어
눈감은 채 눈물만 흐른다

맥없이 그저 지켜보기만 하는
당신의 분신들 용서하시고

부디 고통 가운데서 해방되시어
영원한 복락 누리시길 기도하는
힘없는 불효 자식들
평생 당신의 분신들 잘 되라
두 손 모아 간절히 빌고 빌었던
어머니의 심정 어떠시련지

요셉오빠의 부활

꿈속에서
무덤 뚜껑을 뻥 뚫고 하늘로 올라가는
요셉오빠의 부활을 보았어요
얼마나 다행인지 모릅니다
이 아름다운 봄날
미련조차 다 버리고
이생에서의 무거운 짐
훌훌 벗어 버렸으니
아름다운 천국에서
복락 누리며 평안한 안식 누리세요

어릴 적 연분홍 진달래 한아름 안기며
버들피리 만들어 주던 요셉오빠
추억 속에서만 만날 수 있다니
가슴이 무너져 내립니다

오빠는 가고 없는데
앞산 진달래는 왜 저리
속절없이 붉게 물들어 서럽게 하는지요

앞산 진달래 물가 수양버들 한아름
무덤가에 빙둘러 꽂고 돌아오는 길
평온 가득한 영혼의 그윽한 노랫소리
버들피리에 담겨 용수골에 울려 퍼지네요

외딴집 노부부

백구 두 마리 뛰어노는 강원도 두메산골 귀틀집*
산나물, 시래기 된장국 화롯불에 보글보글 끓고
40년 된 가마솥 장작불 지펴 누룽지 냄새 고소한
조촐한 밥상 마주하고 말없이 수저가 오가네
항아리 가득 익은 머루향기 솔솔~~
참나무 꼭대기 붙어 자란 겨우살이
할머니의 관절염 치료제라네
황톳물 가라앉혀 갈라진 흙벽
두꺼비 같은 손으로 쓰윽쓱 문지르자
벽은 온몸 황토 마사지로 뽀시시하네
굴뚝 가득 은빛연기 폴폴 피어오르면
뜨끈뜨끈한 구들장 찜질방 되어
늙은 육신 노글노글 지지며
단꿈 속으로 빠져드는 노부부
60년 전 얼굴도 못 본 채 혼례 치른 후
하루하루 정 쌓아 주름꽃 활짝 펴
깊은 사랑의 향기 은은한 두메산골

* 귀틀집 : 큰 통나무를 '井'자 모양으로 귀를 맞추고 틈을 흙으로 메워 지은 집

노부부의 정

꽁꽁 언 쭈글쭈글한 손으로
하얀 눈속에서 땔감 주워 온
앉은뱅이 할아버지
아궁이에 군불 지피자
가마솥 뜨거운 눈물 주루룩 흐른다
추운데 땔감 주워 왔다
핀잔하는 할머니
살며시 약주 한 잔 건낸다
퉁명스런 노부부의 일상 속에
가마솥처럼 뜨거운 부부의 정
펄펄 끓어 모락모락 피워 오른다
고된 육신 녹여 줄
온돌방에 나란히 누운
노부부의 밤은 깊어 가고
평생을 의지하며 살아온
세월만큼 깊은 정 흐르는
적막 가득한 산골짜기

마실 나온 달빛이
누추한 마당을 지킨다

남기고 간 것들

이생의 문 닫고 가버린신 후
고요한 정적만 흐르지만
수많은 여운 남아 귓전에 맴돈다
함께했던 순간순간들 고개 들고
스멀스멀 피어올라 꽃을 피우고
가슴속에 똬리 틀고 앉아
고요히 속삭이고 있다
함께 나눴던 수많은 이야기들
함께 바라보았던 이 세상의 것들
함께 걸었던 발자국들 남아
같이 호흡하며 맴돈다
육신은 떠나가셨지만
추억은 고스란히 남아
그림자처럼 동행하고 있다
쓸쓸하고 외로울까봐
내 곁에 머무시는 어머니 영혼과
오늘도 속삭이며 걸어가고 있다

엄마, 벌써 매화꽃이 피었어요

작품해설

간단없이 흔들어 깨운 감성의 핵이 언어의 옷을 입고

지연희 | 시인, 수필가

산기슭 계곡을 타고 흘러 앞마을 시냇물의 맑은 속성을 닮은 시인 한 사람이 첫 시집의 명패 「곁에 있나요」를 들고 세상 위에 언더라인 하나를 긋고 있다. 때 묻지 않은 순수의 원형질이 훼손되지 않은 살아 있는 시인의 육성을 듣게 된 것이다. 댓잎에 떨어지는 이슬을 두 손에 받쳐 들고 싶은 유혹을 일게 하는 시인이 경작한 수확의 크기 속으로 들어가 본다. 시는 시인의 영혼 내부에 잠든 감성을 깨우는 일이다. 간단없이 흔들어 깨운 감성의 핵이 언어의 옷을 입고 백지 위에 형상을 만드는 일이 시의 존재적 이유가 된다. 어떤 대상에서 천착한 의미와 만나고, 어떤 공간적 시간적 배경으로 포장되어진 메시지에 독자는 취하게 될 것이라 보면 조정희 시인의 시는 그 기대에 답을 전할 수 있을 것이다.

2003년 계간 한국문인 신인상에 당선되어 시작 활동을 시작한 시인의 시력詩歷은 이제 10년의 세월에 접어든다. 짧지 않은 시간을 밟고 와 어쩌면 여러 권의 분신이 출간되었어야 하겠으나 특별히 몸담아야 할 일이 있어 휴식년에 들었다가 오늘에야 첫 시집을 출간하는 기쁨을 나눌 수 있게 되었다. 분당 지역의 시문학 발전에 기여하며 16년 동인 역사의 맥을 이어 창시문학회회장을 역임하고 시 창작에 매진해 온 시인의 모습이 아름답다. 10년 전이나 지금이나 늘 그 모습 그대로 변치 않는 성정은 작품 속에도 묻어나 조정희 시인의 시는 편안하고 따뜻하다. 시 「빗방울」, 「곁에 있나요」, 「골목길」, 「자화상」, 「새벽 종소리」등 조 시인의 언어 속에는 맑은 새소리가 들린다.

차창을 두드리는
빗방울 소리
반가워 손 흔드는
윈도 브러시
오디오에서 흘러나오는
첼로의 아름다운 선율
환상의 세계로 이끈다
빗방울이 차창에
토~옥, 토~옥
닿을 때마다 펼쳐지는
무채색의 환상 속으로
끝없이 끝없이
질주하고 싶다
그리움에게로
달려가고 싶다

– 시 「빗방울」 전문

하루의 수고 어깨 위에 걸치고

얼굴엔 반가움의 홍조 깊게 드리우고
하늘 한자락 붉은 붓끝으로
주~욱 그어 놓았다

하루의 아쉬운 자락
형형색색으로 물들어
서산에 걸려 있다

어느 화가가
고난도의 작품
하늘에 전시해 놓았는가
감동의 물결 용솟음친다

저녁 노을에
붉게 타오르는 가슴
가눌길 없어 먼 산만 바라본다
아직 식지 않은 열정
가슴속에 품고 살았나 보다

– 시 「저녁 노을」 전문

시 「빗방울」은 비 오는 날 차창에 부딪는 빗줄기를 바라보며 감상에 젖는 화자의 심경을 그리고 있다. 마치 그리운 사람이라도 만난 듯 손을 흔든다는 것으로 윈도 브러시의 몸짓을 의인화시키고 아름다운 첼로의 선율을 배경으로 깔아 놓은 것만으로도 감성의 주파수가 얼마나 환상적으로 증폭되고 있는가를 감지하게 된다. 끝내는 그리운 이를 향해 달려가고 싶은 차량의 질주를 확인하게 되는데 순도 높은 깊이로 흔들리는 애정의 발견이다. '빗방울이 차창에/토~옥, 토~옥/닿을 때마다 펼쳐지는/무채색의 환상 속으로/끝없이 끝없이/질주하고 싶다/그리움에게로/달려가고 싶다'는 비 오는 날의 서정이다.

저녁 노을 예찬이다. '하루의 수고 어깨 위에 걸치고/얼굴엔 반가움의 홍조 깊게 드리우고/하늘 한자락 붉은 붓끝으로/주~욱 그어 놓았다'는 시 「저녁 노을」은 힘겨웠던 하루를 마무리하는 저녁 노을의 만찬에 초대되어진 느낌이다. 어깨에 터~억 걸쳐 놓은 삶의 무게가 감상하는 이의 손끝에 감각되어지지만 그럼에도 불구하고 어둠의 그림자와 악수를 하며 매우 부끄러운 낯빛으로 설렘의 홍조를 띄우는 여자의 모습을 바라보게 된다. 노을의 변신이다. '하루의 아쉬운 자락/형형색색으로 물들어/서산에 걸려 있다'고 하는 이 시는 어느 화가의 고난도로 그려 놓은 저녁 노을의 작품 한 폭을 감동의 물결로 감상하게 한다.

방황하며 헤매일 때
혜성처럼 나타나
포근히 감싸줄 사람
곁에 있나요

절망하여 실의에 빠져 있을 때
축 늘어진 어깨 감싸주며
희망을 가지라 위로해 줄 사람
곁에 있나요

울적한 모습으로 웅크린 채
힘을 잃고 주저앉아 있을 때
밝은 미소로 다가와
따스한 마음으로 감싸 줄 사람
곁에 있나요

– 시 「곁에 있나요」 전문

황홀하고 달콤했던 순간 꿈처럼 사라지고
물거품 되어 버린 약속들 거품 꽃 되었다
부질없는 헛된 꿈에 들떠 있던 시간
허무가 파도처럼 밀려와 바다가 된다

일장춘몽에 지나지 않은 허허로운 시간 속에
온 맘 기울였던 어리석음 탓하지 않는다

심연 속에서 그윽하게 울려 퍼졌던
소중했던 순간들이었기에
부질없는 것에 마음 담글질함
슬퍼하지 않는다

부질없는 꿈속 헤매다
천둥번개에 놀라 깨어난 듯
정신 가다듬으며 마음 다독인다
헛된 꿈과 욕망 거품처럼 사라진 후
거품꽃을 가슴에 꽂고 춤을 춘
바보, 가엾은 미소를 보낸다

– 시 「부질없는 꿈」 전문

'절망하여 실의에 빠져 있을 때/축 늘어진 어깨 감싸 주며/희망을 가지라 위로해 줄 사람/곁에 있나요' 힘겨울 때 곁에서 위로가 되어 줄 누군가 필요하다는 시 「곁에 있나요」는 자기중심적으로 사는 현대인의 삶이 지닌 모순을 짚고 있다. 슬프거나 기쁘거나 마음을 나눌 위로자는 사회공동체를 이루며 사는 사람들에게 절대적인 양식임에도 현대물질문명의 이기는 가슴으로 소통하던 情의 문화를 배척하는 모순이 빚는 폐해를 염려하고 있다. '울적한 모습으로 웅크린 채/힘을 잃고 주저앉아 있을 때/밝은 미소로 다가와/따스한 마음으로 감싸 줄 사람/곁에 있나요' 나를 가두고 너를 가두는 철벽처럼 단절된 울타리 문화의 고독을 잘 드러낸 시라고 본다.

시 「부질없는 꿈」은 물거품처럼 사라진 꿈의 기대가 헛된 약속이었다는 사실을 확인하고 다잡는 굳건한 다짐이다. 다만 '황홀하고 달콤했던 순간이었다'는 과거형의 회상으로 보면 아름다운 꿈으로 충만했던 시간이 존재하였기에 느끼는 실의가 더욱 허무함으로 추락되는 상처라는 것을 감지하게 된다. '부질없는 헛된 꿈'으로 치부할 만큼의 큰 충격이라는 것이다. 다만 한 순간의 꿈인 일장춘몽에 지나지 않는 '어리석음' 탓하지 않고 '소중했던 순간들'이었기에 슬퍼하지 않겠다는 결의가 오히려 아픔으로 다가온다. 화자가 스스로를 지칭한 것처럼 '헛된 꿈과 욕망 거품처럼 사라진 후/거품꽃을 가슴에 꽂고 춤을 춘/바보, 가엾은 미소'가 마음 속 상처의 깊이를 드러내고 있다.

수많은 이야기들로 가득찬 골목길
담과 벽엔 골목의 소문들
수없이 그려져 있고
오랜 세월 빗물이 그려놓은

빛바랜 추억 고스란히 새겨져 있다

연인들 아쉬운 이별의 장면
추억으로 남아 꽃을 피우고
골목이 품고 있는 수많은 사연
별이 되어 반짝인다

골목길엔 여유로움이 숨 쉬고
느린 걸음으로 이웃집 풍경 기웃거리며
인정과 편안함 깃들어 있는 곳
오래도록 머물고 싶다

진한 흙내음 향그러운 골목길엔
도란도란 이야기꽃 올망졸망 피어
둥실둥실 담벼락 물들인다

– 시 「골목길」 전문

사과 꽃처럼 단아하고 엷은 향기 간직한
그런 여인이고 싶습니다

빠알갛게 익은 사과 볼처럼 탱탱하고 빛나는
그런 여인이고 싶습니다

한입 깨물면 아삭하고 달콤한 과즙 간직한

그런 여인이고 싶습니다

생각만 해도 상큼함 입가에 번져 그리워지는
그런 여인이고 싶습니다
바라만 보아도 행복한 웃음 안겨줄 수 있는
그런 여인이고 싶습니다

– 시 「자화상」 전문

도심 속 번잡한 삶의 공간이라 해도 사람이 사는 곳이라면 집과 집을 잇는 그 사이로 '골목길'은 존재한다. 동네 아이들이 시끄럽게 뛰어다니거나 혹은 산 속처럼 조용한 골목길이다. 시 「골목길」은 그 골목에 사는 사람들의 흔적을 그려내고 있다. 수많은 이야기들 가득 찬 이 골목길은 온갖 소문으로 담 벽을 넘어와 가득히 차지하고 골목의 역사만큼 빛바랜 추억이 새겨져 있다. '연인들 아쉬운 이별의 장면/추억으로 남아 꽃을 피우고/골목이 품고 있는 수많은 사연/별이 되어 반짝인다'는 이곳은 이웃의 인정이 살아 있어 아름다운 풍경을 만들어 낸다. '진한 흙내음 향그러운 골목길엔/도란도란 이야기꽃 올망졸망 피어/둥실둥실 담벼락 물들인다'는 골목길은 사람의 냄새가 생명력으로 숨 쉬는 영원한 그리움의 공간이라는 것은 이 시는 짚

어내고 있다.

'사과 꽃처럼 단아하고 엷은 향기 간직한/그런 여인이고 싶습니다' 시 「자화상」의 첫 연의 메시지이다. '그런 여인이고 싶습니다'를 매 연에 반복하여 강조하고 있는 이 시의 총체적 메시지는 집중하여 제시하는 기대이며 결연한 의지이다. '빠알갛게 익은 사과 볼처럼 탱탱하고 빛나는' '한입 깨물면 아삭하고 달콤한 과즙 간직한' '생각만 해도 상큼함 입가에 번져 그리워지는' '바라만 보아도 행복한 웃음 안겨줄 수 있는' 여성으로의 아름다움이 집약된 이 바람은 시인의 내심에 흐르는 여성성의 순도가 짙게 표출되고 있다. '나는 그런 여인이고 싶습니다'로 자화상을 그리고 있는 이 시는 서두에서 언급했던 것처럼 시인의 순연한 사고와 영혼의 빛깔이 맑은 거울처럼 비춰지고 있다.

어둠이 조금씩 물러서는 이른 새벽
흐릿한 여명 찾아오는 시간
하늘엔 하얀 달이 졸고 있고
가로등은 하품을 한다
밤이 새도록 어둠을 밝히던
달과 가로등 지쳐있을 즈음
새벽을 두드리는 종을 친다
잠들었던 모든 생명

이제 그만 일어나라
눈을 뜨고 커튼을 올려
아침을 맞으라고 재촉한다
이젠 도심 속에서 사라져
새벽 종소리 들을 수 없지만
은은하게 울려 퍼지던 종소리
아직도 귓전을 맴돈다
땡땡땡~~~~
새벽 종소리 울리면
하루의 소망 담아
간절히 기도하던 어머니
새벽 종소리처럼 각인되어 울린다

– 시 「새벽 종소리」 전문

벌겋게 불타오르는 나뭇잎들
파르르 비명을 지른다
가을산엔 나뭇잎들만
불타오르는 것이 아니다
알록달록 곱게 차려입은 등산객들
단풍보다 더 붉게 타올라
온 산 벌겋게 익어가고 있다
열정으로 끓어오르는 마음들
나무마다 색색으로 물들여
절정의 신음소리 가득하다
가을산은 사랑의 열병으로

너무 뜨거워
너무 뜨거워
더 이상
견딜 수 없어
훌훌 속옷까지 벗어 던지고 있다
부끄러움도 모르고

— 시 「불타오르는 저 산을 봐」 전문

먼 교회의 종탑에서 들려오는 은은한 종소리는 닫힌 가슴을 여는 구원의 메시지이며 평생 자식 걱정으로 사시는 어머니의 간절한 기도이다. 어둠이 걷히며 새벽 여명이 밝아오면 잠든 영혼을 깨우듯 종소리는 들려온다. '밤이 새도록 어둠을 밝히던/달과 가로등 지쳐있을 즈음/새벽을 두드리는 종을 친다/잠들었던 모든 생명/이제 그만 일어나라/눈을 뜨고 커튼을 올려/아침을 맞으라고 재촉한다'는 것이다. 시 「새벽 종소리」는 그만큼 신성하며 마음을 편정시키는 신묘함이 있다. 하여 이 시의 종결부에 보면 시인의 절대적 그리움의 대상인 '어머니'가 등장하게 되고 '새벽 종소리'와 '어머니'의 등식이 하나의 끈으로 묶여있음을 확인하게 된다. '땡땡땡~~~~/새벽 종소리 울리면/하루의 소망 담아/간절히 기도하던 어머니/새벽 종소리'

지금은 세상에 계시지 않는 어머니처럼, 새벽 종소리도 도심 속에서는 쉽게 들을 수 없는 아쉬움의 대상임을 전하고 있다.

가을 날 붉게 물든 단풍의 산을 감성의 깊이로 마주선 시인의 시선이 시 「불타오르는 저 산을 봐」는 극명한 색체로 묻어나고 있다. 비명을 지르거나, 절정의 신음소리로 훌훌 속옷까지 벗어던지는 부끄러움도 모르는 여인의 열정으로 붉은 빛 가을은 대치되어 숨 쉬고 있다. '온 산 벌겋게 익어가고 있다/열정으로 끓어오르는 마음들/나무마다 색색으로 물들여/절정의 신음소리 가득하다/가을산은 사랑의 열병으로/너무 뜨거워/너무 뜨거워/더 이상/견딜 수 없어/훌훌 속옷까지 벗어 던지고 있다/부끄러움도 모르고' 가슴 속 열병으로 불타오르는 여인의 사랑이 끝내 주체하지 못하는 갈급함으로 속옷까지 깡그리 벗어던지고(낙엽되어 떨어짐) 마는 행위까지 이 시는 보여주기 한다. 붉은 열정으로 피었다 조락의 시기를 맞이한 가을의 질서를 극명하게 묘사하고 있다.

늦은 밤 만취하신 아버지
한 섞인 한오백년 타령에
잠깨어 뒤척이다 늦잠에 빠진 사이

새들은 울타리 나뭇가지에서 노래하고
문창 사이 삐집고 들어온 아침햇살 눈부셔
눈 비비며 툇마루에 나와 앉아 하품할 쯤
마당 한켠엔 작대기에 기댄 지게 하나 서 있었다
아침 이슬에 촉촉이 젖은 싱싱한 소먹이 풀 위
아침햇살 머금어 탐스럽게 반짝이는
산딸기랑 산머루가 소녀를 맞아주었다
아버지의 아픔은 알려고도 알고 싶지도 않았던
철없던 어린 시절 산딸기와 산머루만 반가웠다
불혹의 나이를 넘긴 그 소녀
지게를 보면 괜시리 입안에 침이 고인다
벙어리처럼 입을 꾸우욱 닫고 살다
만취가 되어야 입을 열어 부르짖던
한 맺힌 한오백년 타령소리 들려온

– 시 「아버지와 지게」 전문

이생의 문 닫고 가버린신 후
고요한 정적만 흐르지만
수많은 여운 남아 귓전에 맴돈다
함께했던 순간순간들 고개 들고
스멀스멀 피어올라 꽃을 피우고
가슴속에 똬리 틀고 앉아
고요히 속삭이고 있다
함께 나눴던 수많은 이야기들

함께 바라보았던 이 세상의 것들
함께 걸었던 발자국들 남아
같이 호흡하며 맴돈다
육신은 떠나가셨지만
추억은 고스란히 남아
그림자처럼 동행하고 있다
쓸쓸하고 외로울까봐
내 곁에 머무시는 어머니 영혼과
오늘도 속삭이며 걸어가고 있다

엄마, 벌써 매화꽃이 피었어요

– 시 「남기고 간 것들」 전문

세상 모든 자식들에게 남기어진 죄 값은 '불효와 그리움'이다. 살아계실 때 다하지 못한 효도이며 세상 떠나신 뒤에 문득 문득 가슴을 후비는 그리움이다. 본디 부모 자식 간의 사랑은 '내리사랑'이라고 하지만 뒤늦은 후회가 어버이처럼 어버이가 되어 깨닫는 부모님의 은혜이다. 내 부모를 보살핌 보다, 내 자식에 눈멀어 멀리했던 사랑이 평생의 멍에로 남게 되는 것이다. 시 「아버지와 지게」와 시 「남기고 간 것들」은 아버지의 사랑만 받다가 그 사랑의 크기도 헤아리지 못한 딸의 깨우침이며, 어머니가 남긴 수많은 삶의 흔적들을 바라보며 그리움을 키우는 딸의 심정을 진술하고 편안하게 그려내고 있다.

늦은 밤 만취하신 아버지가 입에 달고 부르시던 한 섞인 한오백년 타령에 일찍 잠자리에 들었던 잠이 깨어 뒤척이다가 늦잠에 빠진 날이 많았다. 그리고 '새들은 울타리 나뭇가지에서 노래하고/문창 사이 삐집고 들어온 아침햇살 눈부셔/눈 비비며 툇마루에 나와 앉아 하품할 쯤/마당 한켠엔 작대기에 기댄 지게 하나 서 있었다/아침 이슬에 촉촉이 젖은 싱싱한 소먹이 풀 위/아침햇살 머금어 탐스럽게 반짝이는/산딸기랑 산머루'였다고 한다. 어린 딸에게 줄 산딸기 산머루는 아버지의 지게 위에 아침 일찍 물어다 놓은 어미 새의 사랑이었던 것이다. 그 아버지의 사랑을 불혹의 나이가 되어 깨닫게 되는 시가 「아버지와 지게」이다. 뒤늦은 깨우침이다. 아버지 못지않은 사랑과 배려를 느끼면서도 받을 줄만 알고 드리지 못한 안타까움이 시 「남기고 간 것들」의 언어 속에 흐르고 있다. 이제는 곁에 계시지 않아 제 아무리 불러도 뵐 수 없는 어머니를 가슴에 묻고 동행하는 그리움이다. '함께 나눴던 수많은 이야기들/함께 바라보았던 이 세상의 것들/함께 걸었던 발자국들 남아/같이 호흡하며 맴돈다/육신은 떠나가셨지만/추억은 고스란히 남아/그림자처럼 동행하고 있다'는 아픔이다. 세상에 존재하는 생명 있는 만물의 근원이라는 어머니는 그 이름을 부르는 것만으로도 가슴 에이는 그리움과 안타까움으로 일관되는 존재이다. 오죽하면 늘 가슴 속에 동행하고 있겠는가 싶은 시인의 심경이 절실하게 이입되어지는 시를 감상했다.

시집「곁에 있나요」는 맑은 영혼의 울림으로 빚는 언어의 집이라고 해야겠다. 해맑은 여성의 손끝으로 직조해 놓은 명주 한 필의 숨결이지 싶다. 하여 크고 깊은 장단으로 지휘하는 오케스트라의 연주가 아니라, 아늑하고 단아한 소극장에서 낮은 음색으로 자신의 노래를 플루트의 감미로운 연주에 실어내는 콘서트장이라 생각한다. 이제 시인은 어여쁜 늦둥이 분신을 분만하는 기쁨을 통하여 새로운 세상을 주도하는 시 세계를 열어줄 문운이 번창하리라 믿는다. 문학은 어떤 현재의 '나'라고 할지라도 끌어안아 '나'를 지탱하게 하는 절대한의 힘을 보여주는 대상이다. 제 2시집 제 3의 시집 출간을 기대하며 이만 글을 줄인다. 축하한다.